AF309810

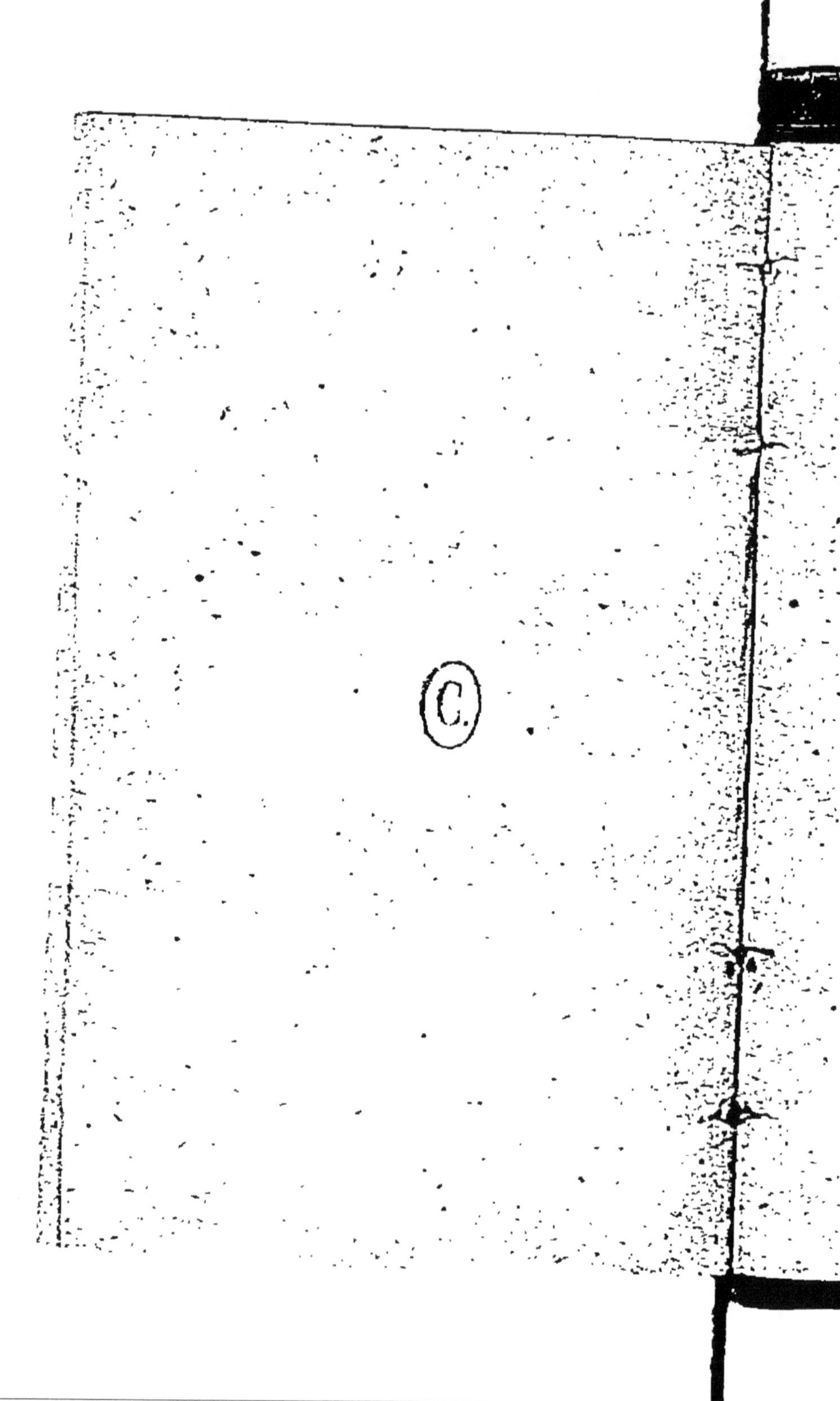

LE
LION DE FLORENCE

PAR

RÉGIS HELLIMER.

LIMOGES	PARIS
F. F. ARDANT FRÈRES,	F. F. ARDANT FRÈRES,
Rue des Taules.	25, q. des Augustins.

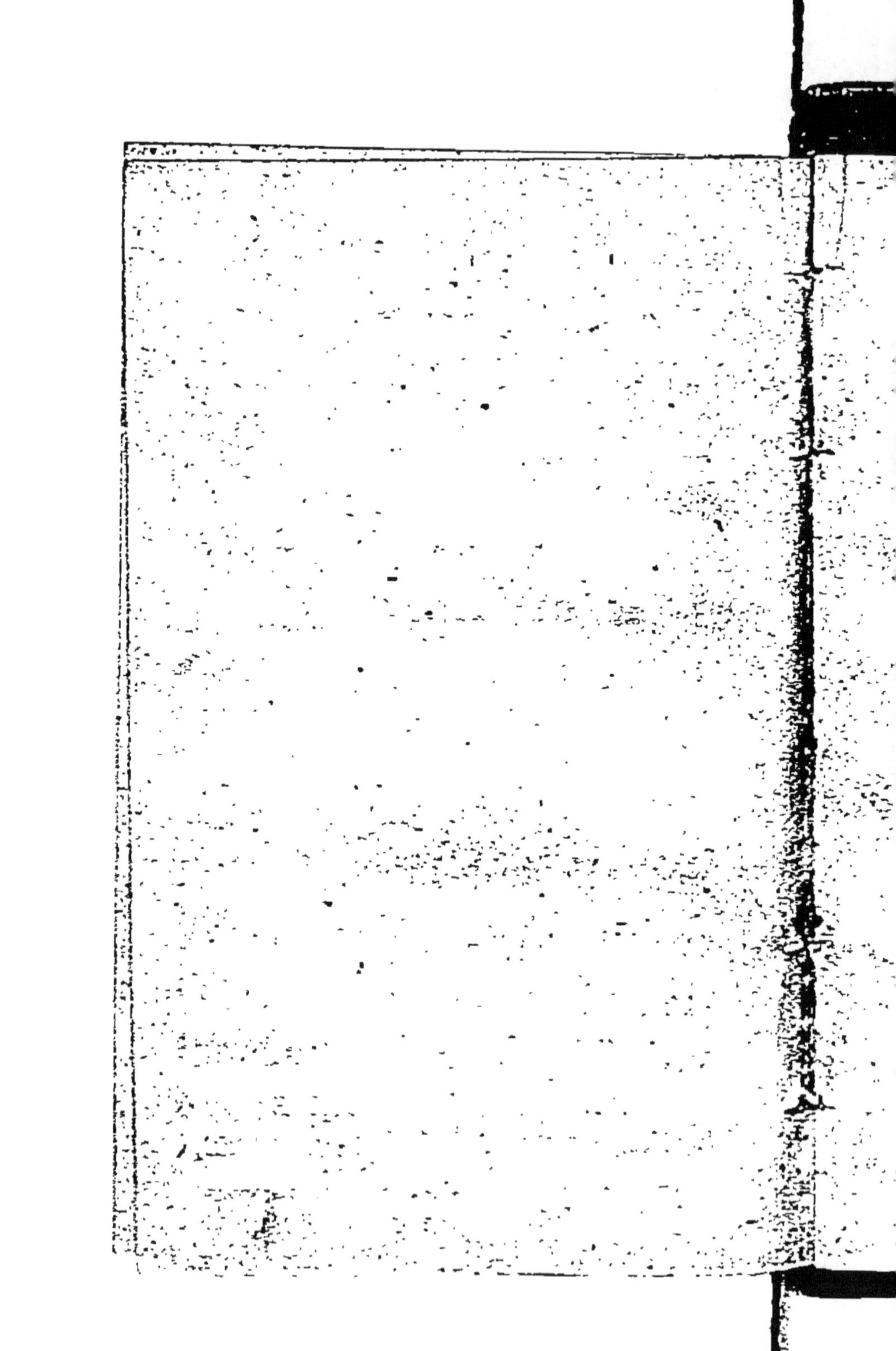

LE LION DE FLORENCE,

Durant les premiers siècles de l'ère chrétienne, les Romains, maîtres d'une partie de l'Afrique, avaient importé de ces contrées brûlantes dans leur mère-patrie tout ce qui leur avait paru rare, précieux, ou seulement curieux. C'est ainsi que, des déserts de la Lybie et des gorges de l'Atlas, ils avaient fait venir à Rome les animaux les plus sauvages et les plus féroces.

Ils en employaient une quantité considérable aux jeux du cirque, sans parler de ceux qui devaient être les instruments inintelligents du supplice des martyrs.

Le nombre des carnivores retenus en captivité dans les principales villes d'Italie diminua beaucoup lorsque les Barbares eurent démembré l'empire romain, et que la religion eut fait cesser les divertissements sanglants des arènes. On conserva quelques individus de chaque espèce, mais on n'eut plus occasion de les faire sortir des cages grillées où on les enfermait avec toutes les précautions possibles.

Parmi ces animaux redoutables que l'homme se plaît à enchaîner et à retenir prisonniers, le lion a toujours eu le premier rang et a toujours été considéré, non-seulement comme le plus terrible, mais encore comme le plus noble et le plus généreux. Sa magnanimité est à présent aussi bien reconnue que la fidélité du chien. Certains naturalistes prétendent que sa face présente une vague analogie avec le visage de l'homme. Il est vrai qu'il a les yeux ombragés de sourcils, le nez long et large, le front carré, la mâchoire épaisse. Sa langue, très grosse, couverte d'aspérités aussi dures que la corne, ne saurait lécher sans amener aussitôt le sang à fleur de peau, ce qui rend ses caresses excessivement dangereuses, car l'odeur du sang l'enivre, anime sa fureur et l'excite à dévorer.

Les voyageurs se sont plus à multiplier les anecdotes sur la générosité du lion. Les uns prétendent qu'autrefois les femmes des environs de Tunis le poursuivaient, armées simplement de bâtons ou de pierres, et l'obligeaient fort bien à quitter la proie qu'il avait saisie.

D'autres assurent que les

Maures avaient un moyen sûr et facile de se débarrasser de lui quand ils le rencontraient inopinément. Ils se couchaient à terre, demeuraient immobiles, et il passait outre, à moins qu'il ne fût tourmenté par la faim.

Il n'est pas nécessaire de dire que ces histoires sont entièrement controuvées et parfaitement absurdes. Labat en rapporte une moins extraordinaire, mais qui cepen-

dant, si elle n'est point apo-
cryphe, prouve une fois de
plus la justesse de l'apho-
risme du critique.

Le vrai peut quelquefois
n'être pas vraisemblable.

Une jeune femme et son
fils se promenaient sur la li-
sière d'une forêt située tout
auprès de la ville de Florence. L'enfant courait sur la
pelouse, et la mère souriait
à ses jeux. La solitude était
profonde et le silence impo-

sant. Nul autre bruit ne se faisait entendre que le frémissement du vent agitant le feuillage, et le bourdonnement des insectes distillant le suc des fleurs nouvellement écloses. Le soleil brillait haut dans un ciel d'une pureté limpide, et les promeneurs, attirés par la fraîcheur et l'ombre, s'enfonçaient dans la forêt peu à peu.

Ils marchèrent longtemps, la mère heureuse et souriante, l'enfant bruyant et joyeux ; l'un récoltant dans les pans de sa tunique des gerbes de plantes odorantes, l'autre effeuillant à la brise ou disposant en diadème sur son front les myrtes qu'elle cueillait dans les clairières ; tous deux ne songeant qu'à jouir de la sénérité de ce jour sans nuages et ne redoutant aucun danger.

Ils se proposaient de revenir enfin sur leurs pas lois-

que, à une certaine distance,
se fit entendre un bruit inu-
sité et très étrange : si
étrange que le petit garçon
se troubla malgré l'insou-
ciance de son âge ; il laissa
tomber les fleurs d'arbousier,
de lentisque, d'oléandre qu'il
tenait à deux mains, et cou-
rant auprès de la jeune
femme :

— Ma mère, n'avez-vous
pas entendu ? demanda-t-il
d'une voix un peu tremblante

en employant le doux idiôme toscan.

Elle aussi avait paru inquiète d'abord ; mais elle s'était promptement rassurée.

— J'ai entendu, dit-elle, les refrains des pêcheurs qui raccomodent leurs filets au bord de l'Arno. Si un autre son est parvenu à mon oreille, il était si vague et si lointain que nous ne devons pas nous en préoccuper.

A peine avait-elle fait cette

réponse, qu'un rugissement sonore, éclatant, prolongé, éveilla l'écho et se répandit au travers de la forêt comme une rumeur funèbre.

Très alarmée, elle prit l'enfant dans ses bras et regarda dans toutes les directions avec un effroi qui augmenta prodigieusement lorsque la même voix se fit entendre beaucoup plus près que la première fois.

Cependant elle n'aperçut

rien qui put justifier ses appréhensions. La fauvette chantait paisiblement au sommet des grands arbres, l'abeille bourdonnait toujours dans le calice des cistes ; ces jolies fleurs violettes et blanches qui ressemblent à des églantines largement ouvertes. Les rayons du soleil, tamisés par le feuillage, répandaient sur la terre brune des milliers d'étincelles, et le seul bruit de la voix importune venait troubler le calme de cette solitude. Même les pêcheurs avaient fini de raccomoder leurs filets ; du moins leurs chants avaient cessé. La jeune femme crut s'être abandonnée à une terreur puérile, et posant son fils sur le gazon :

— Va jouer, dit-elle, nous sommes ici en parfaite sécurité ; la forêt ne renferme aucun animal malfaisant. Mais lui, sans doute, possédant l'instinct des jeunes agneaux qui pressentent long-temps à l'avance l'arrivée de l'ennemi, et courent se ré-fugier auprès du berger lors-que celui-ci n'a point encore songé à s'alarmer ; il s'atta-cha obstinément à la jupe de sa mère, et cachant sa jolie tête blonde dans les plis de sa ceinture à longues franges, il déclara qu'il ne voulait point s'éloigner.

Elle s'efforçait de le rassu-

rer quand un nouveau rugissement retentit par toute la
forêt, rauque, terrible,
menaçant, empreint d'une
sorte de colère douloureuse.

Il n'y avait plus possibi-
lité de se méprendre : c'était
la voix du lion, furieux,
blessé peut-être, si l'on en
jugeait d'après ces inflexions
plaintives qui glaçaient d'é-
pouvante. Elle connaissait ce
cri de la force enchaînée, ce
mugissement puissant et

sombre qui, au désert, impose le silence à tous les animaux de la création; elle comprit que le plus redoutable des carnivores venait de s'échapper de sa cage grillée, qu'il était parvenu à sortir de Florence, et qu'il errait au travers de la campagne.

Cette pensée, qui la rendit folle de terreur, décupla ses forces au lieu de les paralyser. Elle s'empara de son fils et se mit à courir comme peut courir une mère lorsqu'il s'agit de sauver la vie à son enfant unique.

Elle parcourut la forêt au hasard, traversant les fourrés les plus épais, les taillis les plus épineux, heurtant son front pâle aux troncs noueux des arbres, déchirant ses bras aux ronces et aux lianes hérissées de pointes piquantes, meurtrissant ses pieds sur les cailloux et les racines desséchées, et s'enfonçant toujours davantage dans le bois. Car elle n'avait point cherché à s'orienter, mais seulement à fuir cet ennemi qui indubitablement devait la mettre en pièces dans le cas où il parviendrait à la rejoindre.

C'était véritablement un lion qui, après avoir répandu l'alarme dans toutes les rues de Florence, venait de se réfugier dans cette forêt où il était attiré par une sorte d'instinct. Ceux qui le poursuivaient, en le blessant à la patte, l'avaient rendu encore plus terrible. Sa longue crinière se dressait menaçante; il courait avec une vélocité extrême, ce qui lui arrive rarement, seulement quand il poursuit quelque proie; sa marche habituelle est lente, grave, très majestueuse.

La jeune femme sentait ses

forces s'épuiser, néammoins
elle continuait à fuir, et re-
doublait de courage et d'é-
nergie chaque fois qu'un nouveau rugissement, de plus
en plus rapproché, parvenait
à son oreille. Le lion était
sur ses traces, elle n'en pou-
vait douter, et elle essayait
vainement de le dépister. La
voix menaçante, qui s'éle-
vait à intervalles inégaux au
milieu du silence profond,
lui prouvait d'une manière

évidente qu'il gagnait du terrain. A chaque instant il lui semblait qu'une griffe puissante allait déchirer son épaule, et elle croyait qu'une haleine fétide et brûlante courait sur son cou et dans ses cheveux.

Ce n'était qu'une illusion; mais qu'elle était affreuse!

Soudain le petit garçon qui l'étreignait de ses deux bras fit un geste d'horreur, poussa un cri de désespoir, en étendant sa main vers un épais buisson au milieu duquel se mouvait un objet qu'on n'apercevait qu'indistinctement.

La jeune femme traça rapidement sur son front et sur sa poitrine le signe du salut, engagea son fils à l'imiter, puis levant ses bras aussi haut que possible, et s'approchant d'un platane centenaire, dont les rameaux touffus s'inclinaient vers le sol, elle parvint à le placer sur une grosse branche.

Tout en accomplissant cet acte désespéré, tout en recourant à ce suprême moyen, elle regardait fixement le monstre qui avait bondi à quelques pas d'elle. Lorsqu'elle vit son fils en sûreté, car il lui parut qu'il n'avait rien à craindre s'il consentait à demeurer immobile, elle songea à se soustraire aussi à la mort effrayante

qui l'attendait. Elle disparut
dans les massifs épais, soit
pour chercher son salut dans
la fuite, soit, ce qui est
plus probable, pour grimper
à son tour sur un arbre
moins élevé et d'un accès
moins difficile.

Dès que l'enfant ne l'aperçut plus, il se mit à pousser
des cris horribles qui la
firent revenir sur ses pas,
et qui malheureusement atti

rèrent le lion au pied du platane.

Arrivé là il s'arrêta soudain, et la fugitive, qui épiait au travers du feuillage ce qui allait advenir de son fils, vit une épouvantable scène. L'animal, furieux et blessé, rugissait, écumait, labourait le sol de ses griffes, levait sa tête menaçante et semblait fasciner la faible et innocente victime qui se penchait irrésistiblement vers lui, ne se retenant plus aux branches que d'un bras fatigué.

La mère vit tout-à-coup — elle n'eût pas cru auparavant pouvoir considérer un semblable spectacle sans mourir de terreur — elle vit les paupières de son enfant aimé papilloter et s'abattre sur ses yeux comme celles d'un oiseau de nuit exposé soudain à la lumière; elle vit ses bras se détacher de l'arbre et s'agiter dans le vide ; elle entendit un cri — peut-être elle crut entendre, et ce fut elle-même qui cria et elle ouït distinctement le bruit produit par la chute de cette frêle créature qui alla rouler aux pieds du monstre. Un lion depuis longtemps captif doit être avide de chair humaine : celui-ci saisit précipitamment l'enfant par sa tunique et se disposa à l'emporter probablement dans quelque rocher creux qui pût lui servir d'antre.

La mère alors, dédaigneuse du péril auquel elle s'exposait, oubliant tout danger, excepté celui qui menaçait son fils, se précipita au-devant de l'animal furieux, se mit à crier, à sangloter, le suppliant d'épargner son enfant, de leur faire grâce de la vie, lui parlant absolument comme s'il eût pu l'entendre.

Il l'entendit en effet, et s'il ne comprit point le sens de ses paroles, du moins il se laissa toucher par son immense désespoir.

Lentement il déposa à terre le petit garçon, et passant auprès de l'heureuse mère sans lui faire aucun mal, il s'éloigna et disparut dans les profondeurs de la forêt.

PIERRE BREUGHEL.

Dans le village dé Breughel, près de Bréda, vivait, au temps de Charles-Quint, un pauvre orphelin qui n'avait jamais connu ses parents. C'était le plus charmant, le plus gracieux, le plus intelligent enfant qu'on pût voir. Malheureusement pour lui il ne possédait au monde que sa jeunesse, sa confiance en Dieu et en l'avenir, et son goût pour le travail.

Comme il était d'une santé frêle et délicate, il ne voyait point de labeur qui pût lui convenir, et malgré son extrême désir de s'occuper utilement, il était obligé de subsister d'aumônes. Et ce n'était pas faute d'essayer de tous les genres d'ouvrages. Pendant la belle saison il se rendait aux champs avec les faneurs et les moissonneurs; au printemps et après les semailles d'automne, il conduisait dans les pâturages les troupeaux des villageois ses voisins.

Ce n'était point un berger d'opéra, ce petit Pierre : il était vêtu grossièrement, n'avait ni pipeau, ni houlette enrubannée, mais seulement un bon gros gourdin coupé dans la forêt voisine. Lorsqu'il brandissait ce redoutable insigne de ses fonctions, les pourceaux indisciplinés devenaient aussi soumis que l'étaient jadis les flots en fureur quand Neptune agitait son trident.

Car c'étaient des pourceaux que Pierre faisait paître à son grand regret;

comme il avait des goûts d'artiste, il eût préféré de beaucoup de jolies chèvres capricieuses et légères, ou de blanches brebis à la toison soyeuse et annelée. Mais qui peut résister à sa destinée? Celle de l'enfant, paraissait-il, était de conduire sur le penchant des collines l'animal qui se nourrit de glands.

Et encore ce n'était qu'à regret que les villageois lui

confiaient le dit animal.
Pierre, étourdi autant qu'on
peut l'être à cet âge, oubliait
souvent ses fonctions pour
se livrer à une distraction qui
lui plaisait par dessus tout.
Cette distraction consistait
à graver sur les écorces des
arbres, non pas de burles—
ques et assez sottes inscrip-
tions, comme font certains
pâtres plus modernes, mais
de naïves et touchantes
images de madones et de

saints. Il n'avait jamais vu ni tableaux, ni statues; ainsi l'on peut juger combien ces premières compositions étaient défectueuses. Néammoins elles révélaient un certain talent et de merveilleuses dispositions.

Ce fut l'avis d'un moine qui, traversant un jour la colline, vit ses ébauches et s'arrêta auprès de chaque arbre pour les examiner.

Pierre, assis dans l'herbe, suivait du regard les moindres mouvements du bon religieux; une vive rougeur colorait son front, et son cœur battait violemment. Il éprouvait toute l'émotion d'un artiste dont on voit critiquer l'œuvre, et lorsque le moine s'approchant de lui lui demanda :

— Est-ce toi, enfant, qui a sculpté ces images?

Il ne put répondre que

par un signe d'affirmation,
son trouble l'empêchant absolument de parler.

— Il ne faut point rougir
ainsi et prendre cet air em-
barrassé; la distraction que
tu as choisie n'a rien de
blâmable, et je crois que tu
as raison de t'y livrer,
quand tu ne peux occuper
ton temps d'une manière
plus utile... Mais, dis-moi,
mon enfant, quel chemin
dois-je prendre pour me

rendre à Bréda où est situé mon monastère ?

— Ce sentier, mon père, vous conduira au bas de la colline ; arrivé là vous tournerez du côté du soleil couchant, et bientôt vous vous trouverez à la ville. Désirez-vous que je vous accompagne jusqu'à mi-chemin ?

— Non, vraiment, tu ne dois point t'éloigner de ce troupeau dont on t'a confié la garde, et je saurai bien m'orienter seul.

Il sortit de dessous son manteau une bible sur vélin, magnifiquement enluminée, et la tendit au pâtre stupéfait et ravi.

— Garde-la en souvenir de moi, lui dit-il; je crois que cela pourra te servir pour tes esquisses et te donner quelque idée de la peinture.

Il s'éloigna à pas précipités, laissant Pierre absorbé dans la contemplation du splendide cadeau qu'il venait de recevoir.

L'enfant ne put voir ces gravures coloriées sans qu'il lui prît aussitôt envie de les reproduire et de les imiter. A force de travail et d'économie, il parvint à se procurer une faible somme d'argent avec laquelle il acheta du papier, un pinceau et des couleurs.

Dès lors, sans maître, sans autres modèles que ceux que lui fournissait sa Bible, il peignit de si jolis, de si gracieux dessins, qu'un bourgeois de Breda lui en acheta quatre; les paya sans marchander, et invita le petit artiste à les lui apporter à la la ville.

Pierre s'empressa d'obéir; il partit immédiatement, et son premier soin en arrivant fut d'aller visiter l'église.

Lorsqu'il aperçut les grands tableaux à l'huile qui décoraient les murs, il eut comme un éblouissement, et il devina incontinent presque tous les secrets de la peinture. En face de ces toiles, il demeura frappé de surprise et d'admiration.

Durant huit jours il revint les examiner pendant de longues heures, puis il retourna à Breughel; là, sans conseils, sans leçons, il commença un tableau à l'huile et l'acheva en moins d'un mois. Il le porta au bourgeois amateur qui avait compris le premier toute la valeur des ouvrages de ce peintre paysan. Comme il était brocanteur de tableaux, il en commanda un grand nombre au jeune homme, les lui paya un prix assez modique et les revendit fort cher. Celui-ci, qui ne croyait être qu'un artiste des plus

médiocres, était très con-
tent de cet arrangement, et
sa renommée s'étendait au
loin sans qu'il pût même
s'en douter. Il n'avait point
quitté son village, il ne si-
gnait point ses toiles, et il
ignorait que, sur toutes, le
brocanteur apposait le nom
déjà célèbre de Pierre Breughel.

Enfin le jeune paysan se
trouva assez riche pour
voyager et pour aller étudier

les chefs-d'œuvre des grands maîtres. Bientôt il ne fut plus question, en Flandre et dans toute l'Espagne, que de son admirable talent.

Il habita tour à tour Anvers et Bruxelles, et mourut dans un âge très avancé, laissant deux fils qui devinrent aussi d'illustres artistes. L'un d'eux est le célèbre paysagite Breughel de Velours.

L'ÉCOLIER GÉNÉREUX.

Un écolier, âgé de dix-
sept ans, étudiant en rhéto-
rique au collége d'Harcourt,
rencontrant dans une de ses
promenades, un homme
couvert de haillons de la

misère. L'indigence et les malheurs avaient altéré dans cet infortuné les traits d'un ancien domestique qui l'avait autrefois servi chez ses pa-rents. Il le reconnut avec peine, et s'en approcha avec la pitié la plus vive et le plus puissant intérêt. Après l'avoir interrogé sur les causes de son infortune, à la-quelle il remarqua que ni les vices, ni la paresse n'a-vaient aucune part, il lui assigna un rendez-vous secret, pour le matin, au collége d'Harcourt. Il lui donna pour premier secours tout l'argent qu'il possédait alors, et la portion de pain destinée à son déjeûner, avec ordre de revenir l'après-dinée pour son goûter. Il le charge de se loger dans une maison honnête, et de lui faire connaître l'hôtesse chez laquelle il aura choisie son gîte. Il s'excuse sur la modicité des secours qu'il lui procure alors, et l'exhorte à espérer du temps et de sa bonne conduite, des jours plus calmes et plus heureux. L'hôtesse choisie et présentée au jeune homme a reçu pendant huit mois le prix de ses loyers; elle a écla réles démarches de l'indigent, et a rendu témoignage de sa conduite. L'infortuné a vécu pendant ce long espace de temps, de la portion de pain destinée au déjeûner et au goûter de ce généreux écolier; mais, comme elle n'aurait pas suffi, il y a ajouté, par chaque semaine, la modique somme d'argent que ses parents, en récompense de son travail, lui abandonnaient pour les plaisirs et les besoins de son âge. Cependant il retranchait méthodiquement quelque chose pour mettre en masse, afin d'habiller cet honnête malheureux. Quand il a été assez riche, il a employé l'industrie d'un tiers pour acheter à la friperie un habit, et il mit son protégé en état de se présenter sans humiliation pour solliciter quelque emploi. Cependant l'impatient jeune homme s'agitait et s'intriguait pour lui trouver une place où il pût, en travaillant, se procurer une vie plus douce et plus aisée. Enfin, il a eu le bonheur de prévenir le vœu de cet indi-

gent, qui, pour dernière res-
source, voulait s'engager. Il
l'a fait entrer pour domestique dans une maison où sa
mère avait quelques liaisons.
Cette mère, dînant un jour
avec son amie, a reconnu ce
laquais autrefois à ses gages.
La curiosité l'a porté à lui
demander l'histoire de sa
vie, depuis qu'il avait quitté
son service : elle finissait
par le récit détaillé de la gé-
neuse sensibilité de son fils.

Jusque-là un profond secret avait été gardé de la part de son jeune bienfaiteur qui avait même trompé, sur cet article, la vigilance de son précepteur.

FIN.

TABLE.

FIN DE LA TABLE.

Limoges. — Typ. F. F. Ardant frères.

9 782019 176518